LES

GAMMES

(VERS)

PARIS

Chez VANIER

QUAI SAINT-MICHEL

1887

LES

GAMMES

Stuart Merrill

EN PRÉPARATION

LE

CYCLE DE WAGNER

XXII

SONNETS

René Ghil

TRAITÉ

DU

VERBE

avec Avant-dire

de STÉPHANE MALLARMÉ

LÉGENDES

DE RÊVE ET DE SANG

(les six livres)

LIV. 1 : LE MEILLEUR DEVENIR (en prépar.)

2 : LE GESTE INGÉNU

Stuart Merrill

LES

GAMMES

(VERS)

PARIS

Chez VANIER

QUAI SAINT-MICHEL

1887

LA FLÛTE

A STÉPHANE MALLARMÉ.

Au temps du gazouillis des feuilles, en avril,
La voix du divin Pan s'avive de folie,
Et son souffle qui siffle en la flûte polie
Eveille les désirs du renouveau viril.

Comme un appel strident de naïade en péril
L'hymne vibre en le vert de la forêt pâlie
D'où répond, note à note, écho qui se délie,
L'ironique pipeau d'un sylvain puéril.

Le fol effroi des vents avec des frous-frous frêles
Se propage en remous criblés de rayons grêles
Du smaragdin de l'herbe au plus glauque des bois :

Et de tes trous, Syrinx, jaillissent les surprises
Du grave et de l'aigu, du fifre et du hautbois,
Et le rire et le rire et le rire des brises.

ÉTÉ

Le clair soleil d'avril ruisselle au long des bois.
Sous les blancs cerisiers et sous les lilas roses
C'est l'heure de courir au rire des hautbois.

Vos lèvres et vos seins, ô les vierges moroses,
Vont éclore aux baisers zézayants du zéphyr
Comme aux rosiers en fleur les corolles des roses.

Déjà par les sentiers où s'étouffe un soupir,
Au profond des taillis où l'eau pure murmure,
Dans le soir où l'on sent le sommeil s'assoupir,

Les couples d'amoureux dont la jeunesse mûre
Tressaille de désir sous la sève d'été
S'arrêtent en oyant remuer la ramure

Et hument dans l'air lourd la langueur du Léthé.

FÊTE AU PARC

A CH. EUDES BONIN.

I

O le frisson des falbalas,
Le bruissement des brocatelles,
La lassitude des lilas,

L   s gateles !

Vanité

Par les nocturnes boulingrins,
Les crincrins et les mandolines
Modulent de demi-chagrins
Sous la vapeur des mousselines.

Bleus de lune, au vert des massifs,
Les jets d'eau tintent dans les vasques,
Et c'est, parmi les petits ifs,
Comme des rires sous des masques.

En poudre et paniers Pompadour
Et des roses pompons aux lèvres,
Les marquises miment l'amour
Avec des manières si mièvres !

Et de minuscules marquis
Qu'adorent les Doris jalouses
Mènent des menuets exquis
Dans l'herbe pâle des pelouses

Du Marivaux et du Watteau !
Du pastel et des mousselines !
Sur un air de pizzicato
Des crincrins et des mandolines !

III

O le frisson des falbalas,
Le bruissement des brocatelles,
La lassitude des lilas,
La vanité des bagatelles !

LES PARADIS BLEUS

A GEORGES VANOR.

Dans l'azur des apothéoses
Gloire aux amants fervents et doux !
Ils vont en baissant leurs fronts roses
Dans l'azur des apothéoses.
La rougeur des lèvres écloses
Eclate sous leurs cheveux roux :
Dans l'azur des apothéoses
Gloire aux amants fervents et doux :

Ils dansent sur les fleurs royales,
Les lys et les rhododendrons :
Au son des luths et des cymbales,
I's dansent sur les fleurs royales :
Au vol des strophes musicales,
Aux ululements des clairons :
Ils dansent sur les fleurs royales,
Les lys et les rhododendrons.

La foule des Filles mi-nues
Ondule en la houle des jours :
Midi divinise des nues
La foule des Filles mi-nues.
Un hymne aux rimes inconnues
S'essore vers les hauts séjours :
La foule des Filles mi-nues
Ondule en la houle des jours.

Ces fleurs de chlorose, leurs lèvres,
Mûrissent sous un rose émoi.
L'amour ensanglante en ses fièvres
Ces fleurs de chlorose, leurs lèvres.
Leurs toisons, ô l'or des orfèvres !
Se déroulent en désarroi :
Ces fleurs de chlorose, leurs lèvres,
Mûrissent sous un rose émoi.

Les éphèbes, rois des caresses,
Leur font des colliers de leurs bras :
Les vierges abreuvent d'ivresses
Les éphèbes, rois des caresses.
Au bruit des baisers sous les tresses
Se donnent de doux apparats :
Les éphèbes, rois des caresses,
Leur font des colliers de leurs bras.

Des musiques d'épithalames
Planent par les paradis bleus :
L'écho proclame en mille gammes
Des musiques d'épithalames.
Le triomphe des oriflammes
S'empourpre au ciel miraculeux :
Des musiques d'épithalames
Planent par les paradis bleus.

Dans l'azur des apothéoses
Gloire aux amants fervents et doux !
Qu'ils foulent les lis et les roses
Dans l'azur des apothéoses :
Que les espérances écloses
Clament au cœur des clairons roux :
Dans l'azur des apothéoses
Gloire aux amants fervents et doux !

CHANSON

A V. Emm. C. Lombardi.

A l'heure du réveil des sèves
    L'Amour, d'un geste las,
Sème les rimes et les rêves
Parmi les lis et les lilas.

La brise, sœur des hirondelles,
Déferle son essor,
Et frôle de mille coups d'ailes
Les corolles d'azur et d'or.

Amour, pour fêter ta victoire
Les cieux se sont fleuris,
Et mai t'auréole de gloire,
O roi des Roses et des Ris !

NOCTURNE

A Joris-Karl Huysmans.

La blême lune allume en la mare qui luit
Miroir des gloires d'or, un émoi d'incendie.
Tout dort. Seul, à mi-mort, un rossignol de nuit
Module en mal d'amour sa molle mélodie.

Plus ne vibrent les vents en le mystère vert
Des ramures. La lune a tû leurs voix nocturnes :
Mais à travers le deuil du feuillage entr'ouvert
Pleuvent les bleus baisers des astres taciturnes.

La vieille volupté de rêver à la mort
A l'entour de la mare endort l'âme des choses.
A peine la forêt parfois fait-elle effort
Sous le frisson furtif d'autres métamorphoses.

Chaque feuille s'efface en des brouillards subtils.
Du zénith de l'azur ruisselle la rosée
Dont le cristal s'incruste en perles aux pistils
Des nénuphars flottant sur l'eau fleurdelisée.

Rien n'émane du noir, ni vol, ni vent, ni voix,
Sauf lorsqu'au loin des bois, par soudaines saccades,
Un ruisseau roucouleur croule sur les gravois:

L'écho s'émeut alors de l'éclat des cascades.

L'ÉTERNEL DIALOGUE

(UN SOIR)

A VILLIERS DE L'ISLE-ADAM.

LA CHAIR

La mort du dieu Soleil pleure les longs midis.

L'AME

Et l'astre du sommeil palpite aux paradis.

LA CHAIR

La langueur des lilas s'évapore en la brume :
O souvenirs d'amour que ma mémoire exhume !

L'AME

Je hume au cœur des fleurs des parfums d'encensoir :
O l'essor par l'azur vers la lune du soir !

LA CHAIR

Un pêle-mêle ailé de pétales de roses
S'envole sous les vents vers le vaste horizon.
Déjà les doux baisers des lèvres demi-closes
Se posent aux splendeurs des seins en floraison.

L'AME

De bleus et blancs remous de plumes de colombes
Se creusent sous les pas des pâles séraphins.
Les vierges vont ce soir prier parmi les tombes
Et sur leurs missels d'or enlacer leurs doigts fins.

LA CHAIR

M'énervent les soupirs, ô Femme que je rêve !
Et le long des lauriers sous la brise d'avril
Il me faut, au sanglot estival de la sève,
Tordre ton torse nu sous mon serment viril.

Car le vœu du viol m'envenime les veines,
Et du fond des massifs les sirènes du mal
Me leurrent de leurs voix vers les voluptés vaines !
O bouche ! ô croupe ! ô flancs de l'amour animal !

L'AME

L'angelus proclamant la mort du crépuscule
Ulule en la vallée où le lunaire encens
Fume. Du ciel au sol l'ombre des nuits circule,
Et c'est l'heure, ô mon corps, de s'absoudre des sens.

Du mystère des monts à l'océan sonore
Va le vent qui plangore en l'or du soir pâli :

O rêve ! m'envoler vers les grèves d'aurore
Où se pâme en hurlant la houle de l'oubli !

LA CHAIR

Mourir, oh ! non, mon âme, au mois des moissons mûres !
Le sang surgit aux seins, la sève ouvre les fleurs,
Les pipeaux du désir vont rire en les ramures,
Et gloire au rose Eros, roi des zéphyrs siffleurs !

L'AME

La Mort et non l'Amour est la mère des hommes.
Le soleil s'éteindra comme un mauvais flambeau :
Mais seule, dominant les siècles où nous sommes,
La Sphynge est là qui rôde aux portes du tombeau.

LA CHAIR

Le ciel est gris de neige ou sombre d'hirondelles,
Mais éternels sont vos baisers, amants fidèles !

L'AME

Après les lits d'amour le linceul du cercueil
Et l'horreur du sommeil dans les terres de deuil.

LA CHAIR

Je renaîtrai, victoire ! en les roses ravies !

L'AME

O les nuits et les jours et les morts et les vies !

HANTISE

A Ephraïm Mikhaël.

Par les vastes forêts, à l'heure vespérale,
Les ruisseaux endormeurs modulent leurs sanglots :
Mon âme s'alanguit d'une horreur sépulcrale
A l'heure vespérale où murmurent les flots.

Les ruisseaux endormeurs modulent leurs sanglots
Sous les feuilles que frôle un vent crépusculaire :
A l'heure vespérale où murmurent les flots
Un fantôme s'effare en l'ombre funéraire.

Sous les feuilles que frôle un vent crépusculaire
La lueur de la lune illumine le soir :
Un fantôme s'effare en l'ombre funéraire
Et l'âme de l'air râle en brumes d'encensoir.

La lueur de la lune illumine le soir,
Impalpable remous de la marée astrale,
Et l'âme de l'air râle en brumes d'encensoir
Par les vastes forêts, à l'heure vespérale.

- VERS VAGUES

Le fébrile frisson des murmures d'amour
M'émeut ce soir les nerfs et vieillit ma mémoire.
La voix d'un violon sous la soie et la moire
Me miaule des mots d'inéluctable amour.

La verveine se pâme en les vases de jade :
Un fantôme de femme en l'alcôve circule.
Mais ma mémoire est morte avec le crépuscule,
Et j'ai perdu mon âme en les vases de jade.

Oh ! mol est mon amour, vague est le violon !
Un arome d'horreur rôde en l'air délétère,
Et je rêve de rêve en l'ombre du mystère

Mais oh ! la volupté veule du violon !

OUBLI

I

Mon cœur, ô ma Chimère, est une cathédrale
Où mes chastes pensers, idolâtres du Beau,
S'en viennent à minuit sous la flamme lustrale
Râler leur requiem au pied de ton tombeau.

J'ai dressé sous le ciel du dôme un sarcophage
Dont la grave épitaphe en strophes de granit
Proclamera de l'aube à l'ombre et d'âge en âge
L'amen et l'hosanna de notre amour bénit.

II

Mon cœur est une crypte où parmi les pilastres
S'enroulent les remous de l'encens des oublis,
Et par l'heure qui luit de la lueur des astres
La paix des nuits se mire en les pavés polis.

Sur le carrare froid des marches sépulcrales
Déjà mes vieux pensers sont pâmés de sommeil :
Les lampadaires d'or s'endorment en spirales,
Et, ô la glauque aurore en le vitrail vermeil !

PENDANT QU'ELLE CHANTAIT

A EDOUARD DUJARDIN

I

Sous la blême clarté de telle nuit sans voiles
Ta voix, doloroso ! ruisselle en sanglots d'or,
Et je croirais ouïr de longs porteurs d'étoiles
Ouvrir en le silence un vaporeux essor.

Etes-vous éveillés sous la lune pâlie,
O vagues violons et sistres endormeurs ?
Avez-vous sous les vents, ô harpes d'Eolie,
Emmêlé vos émois en de molles rumeurs ?

II

Ma mémoire s'immerge en lourdes mélodies
Comme un noble navire en les houles des mers,
Et mes vieux souvenirs, au flux des rapsodies,
S'écroulent dans l'écume et les brouillards amers.

Sous le déroulement des abîmes rythmiques
Mon âme s'est pâmée en la pâleur du soir :
Je me sens palpiter sous les flots balsamiques
D'une endormeuse mer aux tiédeurs d'encensoir.

Mourir et remourir ! ô volupté suprême !
Vaguer de mort en vie au reflux des remous,

Et dans le crépuscule, ainsi qu'un noyé blême,
S'affaler sur la grève au fond des sables mous !

III

Sonore immensité des mers de l'Harmonie,
Où les rêves, vaisseaux pris d'un vaste frisson,
Voguent vers l'inconnu, leur voilure infinie
Claquant avec angoisse aux bourrasques du Son,

O morne immensité ! sous l'oubli des déluges
Submerge le Réel, mugis vers l'Idéal !
Par-delà les hauteurs des suprêmes refuges
Que ton écume monte au souffle boréal !

Déroule jusqu'aux cieux tes houles somnifères !
Soulève-moi mourant vers l'éther fabuleux
D'où, la nuit, l'on perçoit la musique des sphères,
Afin que j'agonise au chant des Astres bleus !

I V

Mais ta voix, ó charmeuse, en la brume s'est tue :
Les vagues violons et les sistres berceurs
Sont morts dans le mystère, et le silence tue
L'écho qui veille encore au fond des épaisseurs.

Et voici qu'il te faut, mon âme inassouvie,
Revenir au réel de l'irréel lointain :
O la subtile horreur du réveil à la vie !
O l'ineffable effroi d'une voix qui s'éteint !

LE MÉNÉTRIER

Etouffant en la nuit la rumeur de ses pas
Le vieux ménétrier sous l'horreur de la lune
Rôde comme un garou par la lande et la dune.

Sur la grève des mers il balance ses pas,
Pris d'un doux mal d'amour pour sa dame la lune
Qui le leurre au plus loin de la lande et la dune.

Et le voilà qui vague au vouloir de ses pas
Vers le miroir des mers où palpite la lune,
Oublieux du réel de la lande et la dune.

Les bras en croix, les yeux aux cieux, à larges pas,
Au plus glauque des flots le lunatique, ô lune,
Va s'engloutir sans deuils de la lande et la dune.

Nul mutisme plus grand ne dit la mort de pas.
Un remous mollement remue au clair de lune,
Puis la lame, et le vent sur la lande et la dune.

SPLEEN D'HIVER

Voici venir l'ennui nocturne des hivers
Et les neiges roulant aux râles des tempêtes :
Voici venir le gel qui met un joug aux mers

Avec le chœur caduc des souvenirs amers.
Adieu les floraisons, les feuilles et les fêtes,
Et les nids gazouillant au sein du vert des faîtes !

C'est la morne saison où du val et des faîtes
S'en viennent en maraude ours et loups des hivers :
Le meurt-de-faim grelotte à la lueur des fêtes
Et sent en lui gronder la rage et les tempêtes !
Le lointain marinier plein de pensers amers
Invoque Notre-Dame en naviguant les mers.

La nuit le meuglement monotone des mers
Et la bise sifflant dans les sapins des faîtes
Soulèvent le vol noir des nuages amers,
La voix des vieux roseaux, orchestre des hivers,
S'exhale au long du fleuve au souffle des tempêtes,
Et, ô les glas de fer sonnant le deuil des fêtes !

Nostalgiques regrets du printemps et des fêtes,
Vous submergez mon cœur comme un brouillard des mers :
Et je rêve à l'aurore en un ciel sans tempêtes,
Aux orangers dont l'or fait osciller les faîtes,
Aux vallons à l'abri des frimas des hivers,
Où croissent dans les rocs les cytises amers.

Arrière, ô souvenirs que les réveils amers
Traquent comme le deuil à la suite des fêtes !
Non ! ce n'est pas pour vous, ô somnolents hivers,
Le sourire en bouquets de la terre et des mers :
Mais à vous l'ouragan qui hurle sur les faîtes,
Et le long des écueils l'écume des tempêtes.

Oh ! la neige tournoie aux remous des tempêtes,
Et ma raison se meurt sous les regrets amers.
La neige s'amoncelle aux flancs glacés des faîtes,
Et j'écoute en mon cœur pleurer les vieilles fêtes.
La neige avec horreur s'engouffre dans les mers,
Et ma perte me tente en l'ombre des hivers :

Me tente dans l'hiver, tandis que les tempêtes
Sur les mers mêleront leurs râlements amers
Et qu'en sanglots les cieux engloutiront les faîtes.

SOIR DE TEMPÊTE

Sous un voile blafard de bruine et de brume
La mer heurte les rocs de ses ahans d'écume.
Les cavernes au creux des falaises de fer
A multivoques eaux ont meuglé vers l'enfer.

A l'horizon des flots un navire-fantôme
Glisse contre un nuage aux pourpres de Sodome :

Et dans l'ombre du nord où volent les pétrels
Spectres avant-coureurs des soirs surnaturels,

L'on entend retentir les cors d'or des rafales
Et râler les tambours des foudres triomphales.

LA DOULEUR DE LA PRINCESSE

A PAUL VERLAINE.

I

Par le jardin royal, en l'arôme des roses,
La Princesse aux yeux pers, sœur nubile des fleurs,
Erre en pleurs au vouloir de ses rêves moroses :

Les mille et mille voix du triomphal matin
Lui murmurent l'amour, et le soleil sommeille
En ses cheveux épars sur son col enfantin.

Un jet d'eau dont la gerbe en perles d'or ruisselle
Parmi les boulingrins aux bordures de buis
S'irise de reflets d'ambre et de rubacelle.

La brise heureuse a ri sous l'osier des taillis,
Et les oiseaux issus des massifs de verdure
Se sont, au bleu des airs, grisés de gazouillis.

Mais ni le brouillard rose et rouge des corolles,
Ni l'eau mirant le ciel ensoleillé d'avril,
Ni les rameaux émus de vivantes paroles,

Ne peuvent divertir la douce déraison
De l'Infante qui va vers la haute terrasse
D'où le regard des rois rôde vers l'horizon.

De ses mules de pourpre elle a frôlé les marbres,
Et la voici courbée au rebord des remparts
Où déferle d'en bas la verdure des arbres.

A ses pieds, par les prés et les marais herbeux,
De l'aube à l'angelus sanglotent les sonnailles
Des solennels troupeaux de taureaux et de bœufs.

Sous le soleil de l'est la ligne des montagnes
Ondule en des lueurs d'améthyste et d'azur
Pour mourir au milieu des moissons des campagnes.

Parfois comme le pleur sonore d'un beffroi
L'âme d'un lointain cor s'essore du silence,
Puis s'étouffe soudain sous un souffle d'effroi.

La chaleur s'alourdit. Parmi les piliers grêles

Des frênes et des pins, déjà darde midi :
La brise vocalise au cœur des fleurs si frêles,

Et les feuilles en pleurs soupirent de désir :
Mais morne, ce jour-là, la Princesse s'attarde
A poursuivre le cours de son mauvais plaisir.

III

« Les monts là-oas sont bleus comme un éveil de rêves
Et, ô le cor qui râle en le matin vermeil !
Si pâle est la paresse en la saison des sèves.

Oh ! m'évader des murs de mon divin enfer
Vers les lointains où vont les graves cavalcades
Caracolant au chant des fanfares de fer !

Au fond de la forêt glapit la male meute :
J'entends par heurts d'horreur haleter l'hallali,
Et c'est là-bas, là-bas, comme un émoi d'émeute.

Demain, ayant occis sangliers et dix-cors,
Les dames reviendront au trot des haquenées
Dans la gloire des fers, des cuivres et des ors.

Pourquoi dois-je, princesse austère et solitaire,
Mourir ici d'ennui : qui viendra conquérir
Ma main, pour me mener vers l'inconnu mystère !

Où luira-t-il, ton casque, ô chaste chevalier
Que je crois voir venir au vol de la Chimère,
Le bras bardé de bronze et lourd d'un bouclier ! »

IV

Jamais n'éclatera l'écarlate oriflamme
Du céleste sauveur, et jamais le dragon
Ne battra les remparts de ses ailes de flamme.

Mais la Princesse attend toujours, son bleu regard
Perdu dans la poussière impalpable des brumes :

Et la Princesse attend encor, le front hagard.

Pourtant purs sont les cieux, et paisibles les terres ;
La semence mûrit aux ris du renouveau,
Et la nature en rut aspire aux adultères.

Cuirassé d'émeraude et de chrysobéryl
Un paon qui se pavane au bord des balustrades
Exulte à l'estival tumulte de l'avril.

A l'ombre des lauriers et des cerisiers roses
Les tourtereaux rêveurs qu'endort le lourd midi
Roucoulent leur amour aux corolles mi-closes.

Et le long des degrés de porphyre des cours
Tintent les cordes d'or des lentes mandolines
Sous les doigts indolents d'un chœur de troubadours.

CREPUSCULE D'AUTOMNE

Sous le souffle étouffé des vents ensorceleurs
J'entends sourdre sous bois les sanglots et les rêves :
Car voici venir l'heure où dans des lueurs brèves
Les feuilles des forêts entonnent, chœur en pleurs,
L'automnal requiem des soleils et des sèves.

Comme au fond d'une nef qui vient de s'assombrir
L'on ouït des frissons de frêles banderolles,
Et le long des buissons qui perdent leurs corolles
La maladive odeur des fleurs qui vont mourir
S'évapore en remous de subtiles paroles.

Sous la lune allumée au nocturne horizon
L'âme de l'angelus en la brume chantonne :
L'écho tinte au lointain comme un glas monotone
Et l'air rêve aux frimas de la froide saison
A l'heure où meurt l'amour, à l'heure où meurt l'automne !

REFRAINS MELANCOLIQUES

A Stéphane Mallarmé.

I

O l'ineffable horreur des étés somnolents
Où les lilas au long des jardins s'alanguissent
Et les zéphyrs, soupirs de sistres indolents,
Sur les fleurs de rubis et d'émeraude glissent !

Car les vieilles amours s'éveillent sous les fleurs,
Et les vieux souvenirs, sous le vent qui circule,
Soulèvent leurs soupirs, échos vagues des pleurs
De la mer qui murmure en le lent crépuscule.

II

O l'indicible effroi des somnolents hivers
Où les neiges aux cieux s'en vont comme des rêves
Et les houles roulant dans les brouillards amers
Ululent en mourant, le soir, au long des grèves.

Car les vieilles amours s'engouffrent sous leurs flots
Et les vieux souvenirs râlant sous la rafale
Dans la nuit qui s'emplit de sonores sanglots
Se laissent étrangler par la Mort triomphale.

III

J'ai demandé la mort aux étés somnolents

Où les lilas au long des jardins s'alanguissent
Et les zéphyrs, soupirs de sistres indolents,
Sur les fleurs de rubis et d'émeraude glissent.

Mais oh! les revoici, les mêmes avenirs !
Les étés ont relui sur la terre ravie,
Et les vieilles amours et les vieux souvenirs
De nouveau, pleins d'horreur, sont venus à la vie.

IV

J'ai demandé la vie aux somnolents hivers
Où les neiges aux cieux s'en vont comme des rêves
Et les houles roulant dans les brouillards amers
Ululent en mourant, le soir, au long des grèves !

Mais j'ai vu revenir les mêmes avenirs :
Les hivers ont neigé sur le sein de la terre,
Et les vieilles amours et les vieux souvenirs
De nouveau, fous d'effroi, sont morts dans le mystère.

V

Toujours vivre et mourir, revivre et remourir.
N'est-il pas de Néant très pur qui nous délivre !
Mourir et vivre, ô Temps, remourir et revivre :
Jusqu'aux soleils éteints nous faudra-t-il souffrir !

TABLE

Des presses d'Alcan Lévy, à Paris.

www.ingramcontent.com/pod-product-compliance
Lightning Source LLC
LaVergne TN
LVHW022130080426

835511LV00007B/1097